BEI GRIN MACHT SICH IHR WISSEN BEZAHLT

Erstellung eines Interviewleitfadens zur Erhebung der Unternehmensreputation. Vorbereitung, Durchführung und Gütekriterien der qualitativen Sozialforschung

Jan Moritz Behrens

Bibliografische Information der Deutschen Nationalbibliothek:

Die Deutsche Nationalbibliothek verzeichnet diese Publikation in der Deutschen Nationalbibliografie; detaillierte bibliografische Daten sind im Internet über http://dnb.d-nb.de abrufbar.

ISBN: 9783346472274
Dieses Buch ist auch als E-Book erhältlich.

© GRIN Publishing GmbH
Nymphenburger Straße 86
80636 München

Druck und Bindung: Books on Demand GmbH, Norderstedt Germany
Gedruckt auf säurefreiem Papier aus verantwortungsvollen Quellen

Das Buch bei GRIN: https://www.grin.com/document/1043377

Einsendeaufgabe

Qualitative Verfahren: Thema A
„Erstellung eines Interviewleitfadens zur Erhebung der Unternehmensreputation"

Modul: Wissenschaftliches Arbeiten – Vertiefung
Studiengang: Medien- und Kommunikationsmanagement (B.A.)

SRH Fernhochschule Riedlingen

Jan Moritz Behrens
Abgabe am 10.01.2021

Inhaltsverzeichnis

Anlagenverzeichnis

Abkürzungsverzeichnis

bspw.	beispielsweise
ggf.	gegebenenfalls
i.d.R.	in der Regel
z.B.	zum Beispiel
z.T.	zum Teil

1. Aufgabe A1

1.1. Entwicklung eines Interviewleitfadens qualitativer Sozialforschung

Die vorliegende Einsendeaufgabe befasst sich mit der Erstellung eines Interviewleitfadens im Zuge eines qualitativen Forschungsprojektes zur Bestimmung der Unternehmensreputation. Basierend auf dem Reputationsmodell von Mark Eisenegger beschäftigt sich diese Arbeit mit der Frage, wie das Unternehmen *Rügenwalder Mühle* von verschiedenen Anspruchsgruppen wahrgenommen wird. Zentraler Aspekt ist die sukzessive Erweiterung des Produktsortiments von pflanzlichen Fleisch- und Wurstwaren zugunsten tierischer Lebensmittel.

1.2. Eiseneggers Modell der „Reputation" im wissenschaftlichen Kontext

Bevor wir in die Leitfragenerstellung einsteigen, ist die Auseinandersetzung mit dem Untersuchungsgegenstand auf wissenschaftlicher Ebene hilfreich. Hierzu wird intensiv auf das Konzept von Mark Eisenegger Bezug genommen.

Die sprachliche Provenienz des Begriffes „Reputation" liegt im Lateinischen, dort das Wort mit „Erwägung" oder „Berechnung" übersetzt wird (Ternés/Runge, 2009). Im deutschen Sprachgebrauch sind „Ruf" oder „Anerkennung" etablierte Synonyme, die sich durchgesetzt haben. Im wissenschaftlichen Kontext existiert keine vollumfängliche Definition, vielmehr liegen mehrere Termini vor, die sich in ihrer Bedeutung je nach Branche und Forschungsziel unterscheiden (Eisenegger/Imhof, 2009) und auf die im Folgenden Bezug genommen wird. Einigkeit herrscht darüber, dass Reputation ein immaterielles Gut darstellt, das mit Vertrauenswürdigkeit verknüpft ist (Eisenegger, M., 2005). Eisenegger spricht von „der gewachsenen Erfahrung" erfüllter Erwartungen in der Vergangenheit, was sich wiederum auf das Vertrauen zukünftiger Handlungen auswirkt. Er fasst Reputation unter der „Anerkennung von (kollektiv-)Subjekten […], selbst- und fremdgesetzte Erwartungen zu erfüllen" zusammen (Eisenegger, M. 2005; S. 29/30). Durch dieses Handeln erlangt eine Organisation die Glaubwürdigkeit seiner Interessengruppen. Die eigene Reputation ist für Unternehmen aller Branchen ein wesentlicher Erfolgsfaktor, der direkte Auswirkungen auf den langfristigen wirtschaftlichen Erfolg hat (Ternés/Runge, 2009; S. 1/2).

In seinen Ausführungen nimmt Eisenegger zur unterschiedlichen Definition des Begriffs „Reputation" Stellung. Einerseits hebt er am Beispiel des soziologischen Ansatzes fehlende Spezifität hervor, die eine Operationalisierung beeinträchtigt, anderseits bemängelt er die Komplexität vorrangig ökonomischer Ansätze wie am Beispiel des Reputationsmodells von Fombrun (2001). Der Ansatz aus der PR- und Marketing-Forschung differenziert Reputation in sechs Dimensionen (Fombrun/Riel, 2003: S. 243ff), die eine Messbarkeit gewährleisten, jedoch außerhalb ökonomischer Einheiten erschwert zur Anwendung kommen (Eisenegger/Imhof, 2009; S. 244). Hier setzt Eisenegger an, indem er einen generischen Ansatz entwickelt, der die von Schwaiger (2014) definierte Einteilung in *kognitive* („Kompetenz") und *affektive* („Sympathie") Reputationsdimension durch eine normative Variable, in Eiseneggers Duktus *expressiv* genannt, erweitert.

Der Eiseneggersche‘ „dreidimensionale Reputationsansatz mit universellem Geltungsanspruch" (Eisenegger/Imhof 2009; S. 246) fußt auf der Überzeugung, dass Reputation ein Phänomen der modernen Leistungsgesellschaft ist. Eisenegger greift bei der Operationalisierung maßgeblich auf das *Drei-Welten-Modell* des deutschen Soziologen Jürgen Habermas zurück, der die Rationalisierung des modernen Denkens in drei Kategorien übertragen hat. Die *objektive Welt* nimmt das auf Kompetenz basierte Leistungshandeln zum Maßstab. Die *soziale Welt* stellt, die durch die Gesellschaft vorgegebene moralische und ethische Korrektheit in den Mittelpunkt wohingegen die *subjektive Welt* schließlich von der emotionalen Wirkung des einzelnen Individuums ausgeht (Eisenegger/Imhof, 2007; S. 245/246). Eiseneggers Kategorisierung sieht folgende Dimensionierung vor (Eisenegger/Imhof, 2007; S. 246-249):

Funktionale Reputation: Nach dem Kriterium der „Zweckrationalität" werden Unternehmen an ihrem Erfolg in den Geschäftsfeldern gemessen, in denen sie operieren und für deren Zweck sie geschaffen sind. Die Indikatoren beziehen sich auf *Erfolg* – konkret Umsatz, Marktanteil oder Gewinn – sowie die *Fachkompetenz*, die sich bspw. in Produktqualität oder Innovationsfähigkeit Ausdruck findet.

Soziale Reputation: Auf Basis der „Wertrationalität" wird bewertet, inwieweit das Streben nach unternehmerisch erfolgreichem Handeln mit gesellschaftlichen Normen und Werten einhergeht. Die Gesellschaft legitimiert das Handeln eines Unternehmens aus normativer Sicht. Entspricht das Handeln nicht mehr den kodifizierten Normen, sehen sich Unternehmen mit schwerwiegenden Reputationsschäden konfrontiert, für deren Ausgleich die „Anwendung radikaler Maßnahmen" (Eisenegger/Imhof, 2009) vonnöten ist. Die Reputations-Indikatoren in dieser Dimension sind *Integrität, Sozialverantwortlichkeit* oder *Legalität/Legitimität.*

Expressive Reputation: Determinieren die funktionale und soziale Reputationsdimension die externen Indikatoren, steht in der expressiven Dimension die Gefühlswelt und die Frage nach der „emotionalen[n] Attraktivität und Authentizität" im Zentrum der Betrachtung (Eisenegger/Imhof, 2009; S. 248). Der Reputationsträger versucht durch bewusste Expressionen die *affektuelle Einstellung* Dritter ihm gegenüber möglichst positiv zu beeinflussen. Relevante Indikatoren sind *Sympathie, Faszination* oder *Attraktivität.*

Laut Eisenegger gewinnen Unternehmen Reputationen, wenn sie auf formativer und sozialer Ebene verlässlich die Erwartungen der Stakeholder erfüllen. In der expressiven Dimension empfiehlt sich eine Differenzierung gegenüber Wettbewerbern („Distinkstionsbetonung"), um eine einzigartige Identität zu entwickeln (Eisenegger/Imhof, 2009; S. 250).

1.3. Der qualitative Interviewleitfaden in der Praxis

Die zentrale Herausforderung des Reputationsaufbaus liegt in der Aufrechterhaltung: Ternés/Runge (2014) unterstreichen, dass Vertrauen in einem langfristigen und ebenso aufwendigen Prozess erwächst, sich jedoch in kürzester Zeit ruinieren lässt. Aus diesem Grund setzen Unternehmen regelmäßig auf Befragungsreihen, um mithilfe qualitativer Forschungsdaten Rückschlüsse auf das unternehmerische Handeln und deren Konsequenzen zu ziehen. Dies soll in dieser Einsendeaufgabe mittels einer leitfadengeführten Interviewreihe auf qualitativer Forschungsebene stattfinden.

1.3.1. Fallauswahl und Sampling

Deutschland ist traditionell ein Land der Fleischesser, die deutsche Küche ist ohne Wurst- und Fleischwaren nicht denkbar. Es ist seit einigen Jahren der Trend zu beobachten, dass sich alternative Ernährungsformen in der Gesellschaft etablieren, dafür spricht unter Anderem, dass der Pro-Kopf-Konsum von Fleischprodukten seit Jahren rückläufig ist.[1] Die Gründe sind vielfältig: Umweltschutz- und Nachhaltigkeitsaspekte stellen die fleischverarbeitende Industrie vor große Herausforderungen, hinzu kommt ein steigendes Bewusstsein für die Zustände in der Massentierhaltung oder der Fleischverarbeitung. Ein Skandal um einen Corona-Ausbruch bei Zeitarbeitern aus Osteuropa in einem Schlachtbetrieb der Tönnies-Gruppe deckte 2020 schonungslos die Hygienezustände auf und fügte der gesamten Branche schwere Reputationsschäden zu.[2] Die fleischverarbeitende Industrie entwickelt seit einigen Jahren immer mehr Substitute, die komplett auf Fleisch verzichten. Die *Rügenwalder Mühle* ist eines der Vorreiter innerhalb der Branche, schaut auf eine 186jährige Geschichte zurück und wird seit August 2020 in der siebten Generation geführt. Seit 2014 baut Rügenwalder Mühle sein Sortiment mit Fleischersatzprodukten kontinuierlich aus und erwirtschaftete damit im Juli 2020 die Hälfte des Konzernumsatzes.[3]

Beim Untersuchungsgegenstand stehen sich zwei Hypothesen gegenüber: Es ist davon auszugehen, dass die Entwicklungen der Fleischindustrie Reputationsverluste nach sich ziehen, was für die *Rügenwalder Mühle* mit einem breiten Sortiment fleischloser Produkte nur bedingt gelten dürfte. Mit den Ergebnissen der Untersuchung zur Unternehmensreputation kann die *Rügenwalder Mühle* erkennen, ob die strategische Ausrichtung auf Stakeholder-Ebene glaubwürdig und wirtschaftlich erfolgreich ist oder Optimierungen vorgenommen werden sollten.

Der Stichprobenauswahl – auch Sampling genannt – kommt in der qualitativen Forschung eine erhebliche Bedeutung zu. Anders als bei quantitativen Erhebungsverfahren, bei denen über Repräsentativität eine nummerische Verallgemeinerung stattfindet, ist das Ziel qualitativer Forschung die analytische Verallgemeinerbarkeit (Naderer/Balzer, 2007; S. 235), bei der es auf die Informationshaltigkeit in Bezug auf das zu untersuchende Phänomen ankommt. Die Selektion der Befragten erfolgt derart, dass diejenigen gezogen werden, die sich „inhaltlich adäquat im Hinblick auf die Forschungsfrage erweisen und [...] reichhaltige

---

[1] vgl. Statista – Das Statistikportal, Fleischverbrauch in Deutschland pro Kopf in den Jahren 1991 bis 2019, www.statista.com
[2] Spiegel Online; EU-Kommission droht deutscher Schlachtindustrie
[3] Handelsblatt, Rügenwalder Mühle: Veggie-Fleisch überholt erstmals klassische Wurst

Informationen zu dieser zu liefern versprechen" (Misoch, 2014; S. 186). Damit wird deutlich, dass dem Sampling eine wesentliche Rolle zukommt, da es bei mangelhafter Ausführung zu Verzerrungen des Untersuchungsgegenstandes führt. Die leitfragengeführten Interviews richten sich nach dem Prinzip des *theoretischen Sampling* an eine Auswahl relevanter Stakeholder. Die Stichprobengröße kann hierbei vorher nur zwischen zehn und etwa 30 Personen eingegrenzt werden, da die definitive Anzahl von verfügbaren Ressourcen, der Qualität der erhobenen Daten (Baur/Blasius, 2014), sowie den erkenntnistheoretischen Zielen (Naderer/Balzer, 2007) abhängt.

1.3.1. Vorbereitung & Durchführung des Interviews

Das im vorliegenden Fall geplante Leitfrageninterview ist den halbstandardisierten Erhebungsformen qualitativer Forschung zuzuordnen und als vergleichsweise zeit- und vorbereitungsintensiv anzusehen. Am Anfang der Untersuchung steht die Formulierung eines Zieles, zu welchem die erhobenen Daten Erkenntnisse liefern sollen. Ist dies formuliert, findet im Zuge der Interviewleitfaden-Konzeption eine profunde Literaturrecherche, bei der sich intensiv in den Untersuchungsgegenstand eingearbeitet wird. Anschließend wird die Stichprobe definiert, die sich aus den im Abschnitt 1.3.1. genannten Kriterien zusammensetzt.

Das Leitfrageninterview zeichnet sich dadurch aus, dass der Interviewer anhand des vorformulierten Interviewleitfadens durch die Befragung führt und er nicht dem Probanden die Strukturierung überlasst. Der Leitfaden bietet die Vorteile, dass sich der Interviewer nicht zwingend an die Chronologie der Fragen halten muss, ihn ist also ein gewisser Grad an Offenheit und Autonomie zugesprochen. Der Leitfaden unterteilt sich in vier Phasen (Misoch, 2014): (1) Informationsphase, (2) Aufwärm- und Einstiegsphase, (3) Hauptphase und (4) Ausklang- und Abschlussphase.

In der **(1) Informationsphase** erfolgt eine Aufklärung über die Durchführung die Zielsetzung des Interviews, außerdem werden die soziodemografischen Daten des Probanden abgefragt und zwingend eine Einverständniserklärung vorgelegt.

Um das „Eis zu brechen" und dem Interviewten einen angenehmen Start der Befragung zu ermöglichen, werden in der **(2) Aufwärm- und Einstiegsphase** möglichst unkomplizierte Fragen zum Forschungsgegenstand gestellt, die den Probanden in die Erzählsituation einführen sollen.

Die Gesprächssituation wird in der **(3) Hauptphase** durch Fragen deduktiver oder induktiver Fragen auf den Forschungsgegenstand hin präzisiert. Hier werden die relevanten Fragen positioniert. Die **(4) Ausklang- und Abschlussphase** ist gekennzeichnet durch den Ausklang des Interviews, der aus einer kurzen Reflexion besteht und in der die Befragten aufgefordert werden, Unerwähntes beizusteuern oder Fragen zu stellen. Schlussendlich wird der Befragte aus der Befragungssituation entlassen (Misoch, 2014).

1.3.2. Vorstellung der relevanten Stakeholder

Der angehängte Interviewleitfaden wurde entwickelt, um innerhalb der drei relevantesten Interessensgruppen die Unternehmensreputation des Lebensmittelherstellers *Rügenwalder Mühle* zu ermitteln. Für die Befragung ist es elementar, sowohl interne als auch externe Stakeholder zu Wort kommen zu lassen, um einen umfassenden Blick auf den strategischen Kurs des Unternehmens zu erhalten. Aufgrund der Unternehmensreputation erhofft sich die Führungsetage eine Bestätigung des eingeschlagenen Kurses, neben fleischhaltigen Lebensmitteln auch vegane / vegetarische Fleischersatzprodukte anzubieten.

Als Anbieter von Lebensmitteln und Produkten des täglichen Bedarfs ist das Unternehmen maßgeblich von den Verbrauchern abhängig, die die Produkte aus Überzeugung kaufen und konsumieren. In Zeiten des Käufermarktes haben die Unternehmen die Kontrolle über Konsumenten verloren und sind darauf angewiesen, aus einer breiten Masse – neben der regionalen oder nationalen Konkurrenz teilweise auch gegen globale Wettbewerber – herauszustechen. Hinzu kommt die stetige Entwicklung alternativer Ernährungsformen, die sich aus der steigenden Sensibilität für die Zustände in der Fleischverarbeitung ergibt. Für die Befragung sollen insgesamt zehn Verbraucher befragt werden, die sich je zur Hälfte auf Käufer und Verwender der Produkte aufteilen. Nicht immer ist dies dieselbe Person, weshalb die Motive beider Untersuchungsgruppen zu analysieren sind. Die Ergebnisse sollen auch Erkenntnisse liefern, ob die *Rügenwalder Mühle* mit der Umstellung des Sortiments den Nerv die Bedürfnisse und Erwartungen der Kundschaft erfüllen kann.

Eine positive Außenwahrnehmung durch Medien und Journalisten ist besonders für Branchen wichtig, die unter großer Beobachtung aufgrund anhaltender Kritik stehen – dies kann ohne weiteres von der fleischverarbeitenden Industrie behauptet werden. Es ist elementar, diese Stakeholder in die Untersuchung miteinzubeziehen, weil sie die Beziehung der Medien zum Unternehmen aufzeigen. Die Medien haben die Macht, mit ihrer Berichterstattung das Konsumverhalten der Konsumenten nachhaltig zu beeinflussen. Um eine Unterscheidung nach Mediengattung herzustellen, sollten Medienvertreter befragt werden, die eine große Bedeutung für das Unternehmen haben – bspw. TV und Onlinemedien.

Die finale Anspruchsgruppe stellen die Aktionäre dar, die dem Unternehmen eine essenzielle wirtschaftliche Stütze sind und weiterhin zufriedengestellt werden sollen. Sie sollen Erkenntnisse aus dem Inneren beisteuern und Einblicke aus wirtschaftlicher Sicht liefern. Ist der Kurs des Unternehmens zukunftsträchtig – oder geht die Strategie nicht weit genug? Müssen ggf. Anpassungen vorgenommen werden, damit die *Rügenwalder Mühle* für Investoren attraktiv bleibt?

1.3.3. Die Dimensions- und Fragenauswahl

Die Mischung aus den genannten Stakeholdern können durch das Modell von Eisenegger optimal dargestellt werden, da sich die Anspruchsgruppen in den jeweiligen Dimensionen wiederfinden dürften.

Die *formative Dimension* stellt die unternehmerische Leistung in den Vordergrund und soll unterschiedliche Aspekte des Wertschöpfungsprozesses beschreiben. Einerseits betriebswirtschaftliche Indikatoren, wie Marktanteil, wirtschaftliche Situation oder die Stellung der Führungsebene, andererseits Eigenschaften, die die Beschaffenheit der Produkte oder die Innovationskraft des Unternehmens betreffen. Es wird eine Breite an Themen gewährleistet, anhand derer die *Rügenwalder Mühle* ableiten kann, in welchen Bereichen das Unternehmen besonders stark agiert und wo nachjustiert werden muss. Hinzu kommt eine Abgrenzung zu Wettbewerbern.

Die Fragen innerhalb der *sozialen Dimension* lenken den Fokus noch stärker auf den Themenkomplex der Fleischersatzprodukte und die Korrelation zu Umwelt- und Nachhaltigkeitsthemen. Hier ist besonders die Sichtweise der externen Stakeholder interessant, da diese – anders als die Aktionäre mit interner Sicht – nur einen bedingten Einblick in die Unternehmensstrategie besitzen.

Ein besonderes Augenmerk liegt auch in der dritten (*expressiven*) Dimension auf den Verbrauchern, da davon ausgegangen werden kann, dass die emotionale Ebene einen wesentlichen Kaufentscheidungsfaktor darstellt und daher entscheidende Tendenzen auf die Unternehmensreputation geben. Es kann davon ausgegangen werden, dass sich die Sicht der Medienvertreter nicht unwesentlich von der Verbrauchermeinung unterscheidet, da die Erfahrungen der Verbraucher maßgeblich durch die Medien beeinflusst werden. Aufschlussreich wird für das Unternehmen, inwieweit die Vision und Strategie unterbewusst bei den Verbrauchern angekommen ist oder die Medien das Unternehmen einordnen. In Bezug auf die Aktionäre werden Rückschlüsse über die Bindung zum Unternehmen deutlich.

2. Aufgabe A2

2.1. Abgrenzung gruppenbasierter Interviewverfahren

Unter gruppenbasierten Interviewverfahren versteht die qualitative Sozialforschung Methoden zur Datenerhebung, innerhalb derer mehrere Personen gleichzeitig befragt werden (Lüthje, 2014). Die Begriffsdefinition ist nicht immer trennscharf, es subsummieren sich unter Gruppenmethoden zur Datenerhebung im Allgemeinen die Verfahren der Fokusgruppe, Gruppendiskussion oder Gruppeninterview (Misoch, 2014). Die Soziologie definiert den Begriff „Gruppe" als eine Ansammlung von Menschen, die untereinander sozial verbunden sind und regelmäßige Interaktionen aufweisen; dadurch entsteht ein „Gefühl der Zusammengehörigkeit" (Misoch, 2014; S. 137). Im Folgenden werden die drei genannten Erhebungsverfahren genauer eingegrenzt.

Die **Fokusgruppe**, im deutschen Sprachgebrauch auch **Gruppengespräch** genannt, geht auf die amerikanischen Soziologen Merton, Fiske und Kendall zurück. Im Mittelpunkt stehen Gespräche, die sich innerhalb einer sechs bis zehn Personen umfassenden Gruppe unter Moderatorenaufsicht selbstständig entwickeln. Die Gesprächsinitiierung erfolgt durch einen thematischen Stimulus am Anfang der Erhebung. Untersuchungsgegenstand sind die Inhalte der Gespräche, die Art der Interaktionen und der Ablauf der Gespräche sind nicht relevant.

Gruppeninterviews sind „zeitökonomische Varianten der Einzelbefragung" (Loos/Schäffer, 2001), was ferner bedeutet, dass in diesem Verfahren mehrere Personen von einem Interviewer zu einem definierten Terminus befragt. Die Interviews sind entweder leitfadengeführt oder durch Fragen gesteuert. In Abgrenzung zu Einzelinterviews steht das Ziel im Vordergrund, dass die Befragten sich „gegenseitig ergänzen, korrigieren, zum Detaillieren anregen und [...] inhaltlich redundante Beiträge hervorbringen" (Misoch, 2014). Das Verfahren hat tendenziell ökonomische Gründe, die Gruppe steht methodologisch und methodisch nur teilweise im Fokus. Die **Gruppendiskussion**, die als Verfahren unter 2.4. im Ablauf dezidiert vorgestellt wird, geht auf Lewin und Pollock zurück und ist aufgrund ihrer geringen Methodologie eher in der anwendungsbezogenen Forschung eingesetzt. In künstlich erzeugten oder Realgruppen werden Diskussionen zu einem Forschungsgegenstand initiiert, der zu einer inhaltlichen Wertschöpfung der Gruppe als Ganzes führen soll. Der beteiligte Moderator soll möglichst nicht intervenieren. Die Auswertung der Inhalte besteht aus Erinnerungen, Erfahrungen oder Bemerkungen der Teilnehmer, um ein umfassendes Ergebnis zu generieren.

2.2. Gegenüberstellung ausgewählter Vor- und Nachteile

Die Frage nach der geeigneten Erhebungsmethode hängt zwingend vom Untersuchungsgegenstand und dem Forschungsziel ab. Die Gegenüberstellung von Pro und Contra gruppenbasierter Interviewverfahren ist daher unter diesem Aspekt zu berücksichtigen und als generell zu betrachten. Wie bereits an anderen Stellen erwähnt, gilt die qualitative Sozialforschung in ihrer Durchführung – von der Vorbereitung bis hin zu Datenauswertung – als zeit- und kostenintensiv, da meist eine Unmenge von Daten erhoben werden. Gruppenbasierte Forschungsverfahren werden daher häufig aus „ökonomischen und forschungspragmatischen Gründen" (Mosich, 2013) angewendet, um in einer möglichst kurzen Periode eine absolute Menge an Forschungsdaten zu generieren und die Anzahl sich wiederholender Aspekte möglichst gering zu halten (Loos/Schäffer, 2001). Dies trifft auf jede der drei genannten Methoden zu. Lamnek sieht Vorteile in der Offenheit der Gespräche, der Flexibilität und vor allem der Alltagsnähe und gibt im Weiteren Einblicke in die Gründe: „Die Erkenntnisse zur Gruppendiskussion sind verhaltensrelevanter, also realitätsgerechter, weil die Einstellungen, Meinungen, etc. in natürlicheren Situationen […] erhoben werden" (Lamnek, 1998). Es ist davon auszugehen, dass gruppenbasierte Interviewverfahren sich positiv auf die Qualität der Inhalte auswirken, einerseits, weil sich die Teilnehmer nicht in der auf ihre Person reduzierten Drucksituation der Einzelbefragung befinden und sie andererseits durch die Beiträge weiterer Teilnehmer motiviert werden. Die daraus resultierende Gruppendynamik führt dazu, dass die Teilnehmer sich durch ihre Beiträge teilweise selbst stimulieren, da sie

Gesagtes ergänzen können (Misoch, 2013) oder verborgene Aspekte, die in Einzelbefragungen nicht zur Sprache gekommen wären, einbringen. So können Gruppenerhebungsverfahren dazu entscheidend dazu beitragen, in kurzer Zeit ein möglichst umfassendes Meinungsbild abzubilden.

Entscheidender Nachteil gruppenbasierter Forschung stellt der Umstand dar, dass diese Verfahren methodologisch nicht sehr fundiert sind und eine Generalisierbarkeit wie bei der quantitativen Forschung nicht gegeben ist (Misoch, 2013; Loos/Schäffer, 2001). Das Verfahren eignet sich folglich eher zur „Analyse kollektiver Orientierungsdimensionen" (Bohnsack et al., 2018). Innerhalb der Gruppe zeigt sich, dass sich Vorteile durchaus in das Gegenteil umkehren können. So ist die Zusammenstellung der Teilnehmer nach erkenntnistheoretischen Gesichtspunkten für den Erfolg der Forschung elementar, denn niemand kann vorhersagen, wie die Wesenstypen der Anwesenden sich auf die Diskussionsdynamik auswirken: Teilnehmer könnten zu sehr dominieren, wiederum andere durch dieses Verhalten eingeschüchtert werden. Hinzu kommt die Thematik, dass Teilnehmer bei progressiven, in extremer Art von der Gruppenmeinung abweichenden Einstellungen ihre Meinung seltener anbringen, Misoch spricht von *Exklusionsgefahr*.

2.3. Mögliche Anwendungsfehler in der Praxis

Anwendungsfehler sind in der Praxis möglichst gering zu halten bzw. gänzlich auszuschließen, da sie in Verzerrungen der Forschungsergebnisse münden. Dies hängt an den Eigenschaften der Teilnehmenden sowie ihrer Interaktion (Renner/Jacob, 2020; S. 77).

Dem Moderator kommt eine entscheidende Rolle als Beobachter und unparteiischer Zuhörer zu, daher sollte eine entsprechende Beschaffenheit sichergestellt sein. Von seiner Seite wird ein hohes Maß an Sensibilität und Erfahrung gefordert. Im Zentrum gruppenbasierter Forschungsmethoden steht das Selbststeuerungspotenzial, sodass der Moderator möglichst immer weiter in den Hintergrund gerät (Antons et al., 2013). Nichtsdestotrotz wird es vorkommen, dass Impulse von außen zu geben sind oder auf die Verteilung der Redeanteile geachtet werden muss. Hier muss der Moderator viel Fingerspitzengefühl beweisen, damit die Gruppendynamik möglichst in „normalen" Gesprächen mündet (Loos/Schäffer, 2018), ohne, dass die inhaltliche Ebene zu elementar beeinflusst wird und die Ergebnisse verzerrt werden (Misoch, 2013; S. 155).

Ein weiterer wesentlicher Aspekt ist die Zusammenstellung der Gruppe, die vor der Durchführungsphase Tendenzen zur Richtung der Dynamik erkennen lässt. Homogene Gruppen sind in ihren Merkmalen und Eigenschaften ähnlich und verfolgen andere Ziele, als sie heterogen zusammengestellte Gruppen nach sich ziehen (Misoch, 2013).

2.4. Skizzierung eines praxisnahen Ablaufs

Die Gruppendiskussion als qualitative Datenerhebungsmethode erfolgt nach einem genau festgelegten Ablauf, die die Validität und Reliabilität der Forschungsergebnisse gewährleisten soll. Misoch unterteilt das Verfahren in bis zu neun Phasen, anhand derer ein beispielhafter Ablauf skizziert werden soll:

(1) Festlegung der Forschungsfrage
Vor der eigentlichen Durchführung des Interviews legt der Forscher das Ziel der Untersuchung und das Erkenntnisinteresse fest.

(2) Auswahl der Probanden
Der Wert der Forschungsergebnisse hängt maßgeblich von der Auswahl der Probanden ab. Die Selektion entsteht auf Basis der Forschungsfrage und mündet in der Entscheidung, ob heterogene oder homogene Gruppen, Real- oder Milieugruppen als Gruppe herangeführt werden.

(3) Vorstellung des Projektes & Diskussionsanregung
Es folgt eine Vorstellung des Forschungsprojektes und Einleitung der Diskussion mithilfe eines Sinnesreizes.

(4) Diskussionsdurchführung
Die eigentliche Diskussion beginnt: Die Teilnehmer halten die Diskussion durch ihre Beiträge aktiv am Leben, der Moderator hält sich im Hintergrund und beobachtet die entstehende Dynamik respektive der inhaltlichen Beiträge.

(5) Exmanentes Nachfragen

Neigt sich die Diskussion dem Ende entgegen, und immanente Potenzial (Loos/Schäffer, 2018) ausgeschöpft, kann der Moderator durch aktives Nachhaken der Diskussion Impulse zu Themenbereichen geben, die zur Beantwortung der Forschungsfrage relevant sind, aber bisher noch wenig Nennung fanden.

(6) Direktive Phase

Dieser Teil ist nicht zwingend erforderlich, kann aber durchaus sinnvoll sein: Die Teilnehmer werden im Anschluss an die Diskussion auf dokumentierte Widersprüche oder Auffälligkeiten angesprochen

(7) Kurzfragebogen

Anders als bei Einzelinterviews erfolgt die Abfrage der personenbezogenen Daten im Anschluss, um ein optimales Gruppenergebnis zu gewährleisten.

(8) Beobachtungsprotokoll

Nach der Diskussion wird auf der Grundlage der dokumentierten Diskussionsinhalte ein ausführliches Sitzungsprotokoll, in der einerseits die Inhalte, aber auch die Chronologie verzeichnet werden.

(9) Datenauswertung

Im Anschluss an Durchführung und Protokollierung der Gruppendiskussion werden die Daten ausgewertet und in Erkenntnisse zur Forschungsfrage umgewandelt. Im Zentrum steht die Frage, ob das anfangs formulierte Ziel, erreicht werden konnte.

3. **Aufgabe A3**
   3.1. **Gütekriterien in der qualitativen Sozialforschung**
       3.1.1. Die Rolle von Gütekriterien und ihre Relevanz

Sowohl die quantitative wie qualitative Forschungsverfahren fußen auf festgelegten Grundsätzen, die sich in der Wissenschaft unter dem Begriff Gütekriterien subsummieren. Anhand der Gütekriterien wird die wissenschaftliche Arbeit auf ihre Beschaffenheit und Anwendbarkeit hin beurteilt. Gütekriterien sind im übertragenen Sinne Standards, die die Qualität einer Publikation sicherstellen und überprüfbar machen sollen. Obwohl in beiden Forschungszweigen jeweils ähnliche Termini verwendet werden, ist die Semantik z. T. unterschiedlich (Lamnek, 2005; S. 143). Im Gegensatz zur quantitativen liegen in der qualitativen Forschung noch keine universellen Vorgaben vor, „vielmehr liegen verschiedene ausdifferenzierte Vorschläge für die Güteabschätzung des qualitativ-methodischen Vorgehens vor"[4]. Während in der quantitativen Forschung weitestgehend Konsens über die Kriterien *Reliabilität, Validität* und *Objektivität* herrscht, sieht qualitative Forschung das Fehlen solcher Standards in den erkenntnistheoretischen Positionen, den daraus resultierenden Besonderheiten des qualitativ-methodischen Vorgehens, aber auch in praktischen Aspekten (Flick, 2010). Im Allgemeinen ist sich die Forschung darüber einig, dass Gütekriterien auch auf die qualitative Sozialforschung anzuwenden sind (Flick, 2010; S. 251), allerdings herrscht Uneinigkeit über die Art und Weise. Steinke (1999) differenziert die Meinungen zur Bewertung der qualitativen Forschung durch Gütekriterien mit drei Ansätzen:

- Anwendung der Kriterien quantitativer Forschung
- Reformation bestehender Gütekriterien auf die Besonderheiten qualitativer Forschung
- Ablehnung von Gütekriterien.

Vor dem Hintergrund dieser Problematik sind für die qualitative im Gegensatz zur quantitativen Forschung mehrere Herausforderungen herauszustellen, die die Wichtigkeit praxisbezogener Gütekriterien zur Akzeptanz der erkenntnistheoretischen Forschung unterstreichen, aber auch verdeutlichen, dass gängige Gütekriterien nur eine geringe Sinnhaftigkeit haben. Die qualitative Forschung zeichnet sich durch die Herangehensweise aus, Daten nicht zu erheben, um beispielsweise Korrelationen von Variablen zu ermitteln und im Vorfeld formulierte Hypothesen zu stützen, sondern widmet sich dem Phänomen oder deren Rekonstruktion selbst zu (Bohnsack et al., 2018). Dabei werden Theorien aus dem in der Untersuchung erhobenen Material erst im Anschluss erarbeitet, was sich signifikant auf die Entwicklung der Gütekriterien wie bspw. der Reliabitätsprüfung auswirkt. Das bedeutet, dass eine Wiederholbarkeit oder Abwandlung (Halbierung, Verdopplung, etc.) der Messungen nahezu nicht möglich ist; Theoriebildung und Generalisierbarkeit werden erschwert.

---

[4] vgl. StudiLektor, Gütekriterien qualitativer Forschung

„Daten sind hier Dokumente sinnstrukturierten Handelns, deren theoretisches Potenzial erst durch eine nachfolgende Interpretation erarbeitet wird und [...], die sich [ebenfalls] dem Kriterium einer prinzipiellen Wiederholbarkeit [...] stellen muss."

(Bohnsack et al., 2018)

Es wird deutlich, dass die Verfahren der qualitativen Forschung teilweise so stark von denen quantitativer Methoden abweichen, dass deren Gütekriterien erschwert angewendet werden können. Der Gültigkeitsanspruch der Wissenschaft setzt sich allerdings aus der Summe bekannter Gütekriterien zusammen und macht bei qualitativer Forschung, die in den letzten Jahren immer beliebter geworden ist (Klapper et al., 2007; S. 45), keine Ausnahmen. Nachweise in Form alternativer Ansätze sind gefordert.

3.2. Vorstellung relevanter Gütekriterien und ihre Anwendung in der qualitativen Inhaltsanalyse

In der qualitativen Forschung kursieren aufgrund der Methodologie und dem Verständnis der Theoriegewinnung divergente Definitionen von Gütekriterien. Die aus der quantitativen Forschung bekannten Kriterien sind aufgrund der unterschiedlichen Erhebungsmethoden nur bedingt geeignet. Anhand der Inhaltsanalyse als Auswertungsinstrument qualitativer Forschung werden vier Gütekriterien vorgestellt. Die Inhaltsanalyse ist eine Erhebungsmethode der empirischen Forschung zur Analyse qualitativer Daten, die in Form von Texten oder erhobenen Forschungsdaten vorliegen und deren Entwicklung vom Psychologen Philipp Mayring vorangetrieben wurde. Die Implementierung von Gütekriterien findet bei der qualitativen Inhaltsanalyse bisher rudimentär Anwendung, dieser Aspekt deckt sich mit der Festlegung allgemeingültiger Kriterien zur Validität qualitativ erhobener Daten. In Anlehnung an Kuckartz (2014) unterscheidet sich der Ablauf der qualitativen Inhaltsanalyse zum Teil grundlegend, da sie die zu analysierenden Textstücke als Quelle der Theoriebildung betrachtet. Aus den Texten werden diejenigen Stellen extrahiert und ausgewertet, die für die Forschungsfrage relevant erscheinen, mit dem Ziel, frühzeitig eine Distanz zwischen von Forschungsfrage und Ursprungstext herzustellen und so die Informationsmengen systematisch zu reduzieren. Zentrales Element der Extraktion ist ein im Vorfeld definiertes Kategoriensystem, in dessen

Suchraster die Informationen einsortiert werden. (Glaser/Laudel, 2009; S. 199ff). Dem Kategoriensystem kommt nach Mayring (2010) eine entsprechende Bedeutung zu, weil es die Intersubjektivität der Inhaltsanalyse sicherstellt. Mithilfe dieser Systematik werden die Daten aus den Untersuchungen schrittweise in Ergebnisse überführt. Nach Lincoln/Guba (1985) existieren in der qualitativen Sozialforschung vier zentrale Gütekriterien: Verlässlichkeit, Nachvollziehbarkeit, Glaubwürdigkeit und Übertragbarkeit. Diese werden im Folgenden näher beleuchtet und ihre Implementierung in die qualitative Inhaltsanalyse aufgezeigt.

Verlässlichkeit („*dependability*")

Die qualitative Forschung steht stets vor der Herausforderung aufgrund geringerer nummerischer Auswertungsfälle aufzuzeigen, inwieweit die in der quantitativen Forschung Reliabilität genannte Wiederholbarkeit der durchgeführten Messmethoden zum identischen Forschungsergebnis führen kann. In der Praxis hieße das, die Forschung führt eine Untersuchungswiederholung (Pretest-Methode) oder eine gleichwertige Methode (Paralleltest-Methode) durch. Lincoln/Guba haben dafür den Begriff der Verlässlichkeit geprägt, der durch die Hilfe von Verlässlichkeits- oder Prozessaudits sichergestellt werden soll. Bezogen auf die qualitative Inhaltsanalyse muss anhand einer nachvollziehbaren Kategorienbildung und einer lückenlos dokumentierten Einordnung der Inhalte in die Kategorien. Dies liegt maßgeblich in der Genauigkeit und Widerspruchsfreiheit, mit der der Codierleitfaden für das zu extrahierende Textmaterial ausgewertet werden soll.

Das Gütekriterium der **Nachvollziehbarkeit/Bestätigbarkeit (*„confirmability"*)** ist das Äquivalent zur Objektivität oder Neutralität quantitativer Forschungsverfahren. Lincoln/Guba (1985) unterstreichen Notwendigkeit der Nachvollziehbarkeit, also der plausiblen Darlegung der Erkenntnisse und des Verweises auf entsprechende die Aussage stützende Textstellen. Sie schreiben dazu: „[...] the degree of which finding are determined by the respondents and conditions oft he inquiry[...]" (Lincoln/Guba, 1985; S. 290). Dies geschieht in der Inhaltsanalyse, wo Daten aus den erarbeiteten Forschungsinhalte ausgewertet und daraus Erkenntnisse getroffen werden, die mit den oben beschriebenen Kategorien systematisiert werden. Bei der induktiven Kategorienbildung bspw. werden die verschiedenen Kategorien auf Basis des Forschungsmaterials gebildet.

Um die folgenden beiden Begrifflichkeiten differenzieren zu können, stütze ich mich auf die von Kuckartz definierte interne (Glaubwürdigkeit) und externe Studiengüte (Übertragbarkeit). Da letzteres bei qualitativen Forschungsprozessen naturgemäß limitiert ist, kommt der Glaubwürdigkeit eine besondere Bedeutung zu.

Die **Glaubwürdigkeit** (*„credibility"*) beschreibt die Transparenz des Forschungsprozesses, dazu zählt deren lückenlose Aufzeichnung der Erhebungsverfahren, Transkriptionsprozesse und aller daran Beteiligten Personen oder Instrumente. Der gesamte Forschungsprozess unterzieht sich einer kritischen Betrachtungsweise, damit die Validität unterstrichen wird. Der Terminus bezieht sich konkret somit nicht nur auf die Vorbereitungen, sondern legt ein besonderes Augenmerk auf die inhaltsanalytischen Methoden und der Angemessenheit derer in Bezug auf die Forschungsfrage. Um die Glaubwürdigkeit zu untermauern, muss die empirische Belegbarkeit aller Verfahrensprozesse vorliegen. Es sollen ausreichend textliche Belege für die Interpretation vorliegen (Steinke, 1999; Glaser/Strauss; 2008).

Übertragbarkeit (*„transferbility"*)
Übertragbarkeit oder Generalisierung sind eine der zentralen Kritikpunkte qualitativer Forschung. Obwohl diese nicht immer angestrebt werden, ist es dennoch teilweise erforderlich, diesen Transfer zu leisten. Kuckartz spricht daher bei der qualitativen Forschung von einem „Grad der angestrebten Verallgemeinerung" (Kuckartz, 2012; S. 168). Abeld (2017, S. 35) schreibt, dass die Forschung aufgrund „nichtzufallsgenerierter und überschaubaren Stichprobengrößen […] erstens mit Hilfe anderer Parameter zu externer Studiengüte" gelangt und darüber hinaus die Wichtigkeit einer für alle nachvollziehbaren Verfahrensdokumentation, „aber auch kontextrelevanter Faktoren" (Abeld, 2017; S. 35) präsent sein muss.

Steinke und Kuckartz haben unterschiedliche Verfahren beschrieben, die der qualitativen Forschung die Prüfung der Generalisierbarkeit erleichtern. Bezogen auf die Inhaltsanalyse kommen davon einige in Frage. Dazu zählt unter anderem das *Herausfiltern relevanter Elemente der theoretischen Ergebnisse*. Diese Technik verfolgt das Ziel, durch die Identifikation von Ereignissen und Aussagen, die nur zufällig in der entwickelten Forschungstheorie enthalten sind, die Inhalte, die die Theorie bestätigen möglichst elementar zu halten. Die Übertragbarkeit auf andere Forschungen soll erleichtert werden. Beim *„Member Checking"* werden die in der

Inhaltsanalyse extrahierten Hauptelemente mit den Probanden rückgekoppelt, um eventuelle Missverständnisse durch Fehlinterpretationen der Forscher auszuräumen.

Ein letzter Aspekt findet sich in der *Fallkontrastierung*, bei der sichtbare objektive Sinnstrukturen analysiert und gegenübergestellt werden. Es „werden [also] Fälle gesucht, die maximal oder minimal verschieden zur generierten Theorie sind [...]" (Glaser, B. G./Strauss, A. L.: 1967, zitiert bei Steinke, I.: 2007, S. 276).

Anlage

Interviewleitfaden

Verwendung für die Befragungsreihe der

Rügenwalder Mühle Carl Müller GmbH & Co. KG

mit dem Titel

**„Die Auswirkung der Erweiterung des veganen und vegetarischen Fleisch-
und Wurstwarensortiment auf die langfristige Unternehmensreputation".**

im Zeitraum vom 30. Januar bis 28. Februar 2021.

I.   Begrüßung der Probanden und einleitender Prolog

Ich heiße Sie herzlich willkommen und freue mich außerordentlich, dass Sie sich bereit
erklären, an diesem Interview teilzunehmen und sich unseren Fragen zu stellen.

Diese Studie, an der Sie teilnehmen werden, wird im Rahmen eines Forschungsprojektes
durch unser Forschungsinstitut im Auftrag der Rügenwalder Mühle Carl Müller GmbH & Co.
KG durchgeführt. Unsere Organisation geht mit dieser Befragung der Frage nach, inwieweit
sich das Unternehmensimage der *Rügenwalder Mühle Carl Müller GmbH & Co. KG* im Zuge
der verstärkten Herstellung und Distribution veganer und vegetarischer Fleisch- und
Wurstspezialitäten verändert hat. Sie gehören einer relevanten Anspruchsgruppe an, weshalb
wir Ihrer Meinung einen hohen Stellenwert beimessen.

Die beinhalteten Fragen sind überwiegend offen formuliert, Ihnen werden daher keine
Antworten vorgegeben. Sie beantworten die Fragen völlig frei und geben jeden Aspekt an, den
Sie für die Beantwortung für relevant halten. Das Interview wird etwa 60 Minuten dauern, es
ist darüber hinaus ausreichend Zeit eingeplant.

In meiner Position als Interviewer bin ich dazu verpflichtet, Sie vor Beginn der Befragung auf einige Formalitäten aufmerksam zu machen. Mit der Unterzeichnung der Einverständniserklärung stimmen Sie der Aufzeichnung der Befragung zu. Dies erleichtert einerseits die Auswertung der Daten und gibt dem Interviewer die Möglichkeit sich frei von Notizen auf die Ausführungen des Probanden zu konzentrieren. Alle erhobenen Daten werden unterliegen dem Datenschutz, werden anonymisiert und vertraulich behandelt. Dies betrifft auch die personenbezogenen Daten, die abgefragt werden.

Sofern Sie keine Fragen haben und mit dem Vorgehen einverstanden sind, bitte ich Sie, die Einverständniserklärung zu unterzeichnen.

II. Formalien

Daten zur Person

Vorname	
Nachname	
Alter	
Geschlecht	
Beruf	
Beziehung zum Unternehmen	

III. Einverständniserklärung

Hiermit erkläre ich, _____ *(Name)*, mich einverstanden, dass die Befragung vom _____ *(Datum)* von Herrn Jan Moritz Behrens geführte Gespräch auf Tonband aufgenommen und transkribiert werden darf, um dieses für den angegebenen Forschungszweck zu nutzen.

Mir wurde dabei zugesichert, dass alle persönlichen Daten, die Rückschlüsse auf meine Person zulassen, gelöscht oder anonymisiert verwendet werden.

_____ _____

Ort, Datum   Unterschrift

IV. Befragungsteil

Dimension: Formelle Reputation

Produkt- und Dienstleistungsqualität

- Die Rügenwalder Mühle baut ihre Produktpalette vegetarischer und veganer Fleisch- und Wurstwaren kontinuierlich aus. Wie beurteilen Sie die Produktvielfalt der Rügenwalder Mühle?
- Welchen Eindruck haben Sie von der Qualität der Produkte?
- Inwieweit überträgt sich die Produktqualität auf ihre Meinung zur Marke *Rügenwalder Mühle*?

Wirtschaftliche Situation

- Wie taxieren Sie die wirtschaftliche Situation der *Rügenwalder Mühle*?
- Welche Chancen und Risiken sehen Sie für das Unternehmen *Rügenwalder Mühle*?

Führungs- & Managementkompetenz

- Die Unternehmensführung der *Rügenwalder Mühle* entschied sich 2014 für den Einstieg in das Geschäft mit fleischlosen Lebensmitteln. Wie bewerten Sie diese Entscheidung?
- Wie beurteilen Sie die operative Managementebene des Unternehmens?

Wettbewerb & Positionierung

- Wie hoch taxieren Sie den Marktanteil des Unternehmens *Rügenwalder Mühle*?
- Wie bewerten Sie das Angebot veganer und vegetarischer Wurstwaren des Unternehmens *Rügenwalder Mühle* im Vergleich zu Wettbewerbern wie bspw. Meica oder Herta?

Innovationsfähigkeit

- Wie bewerten Sie auf Basis der letzten 5 Jahre die Innovativität des Unternehmens *Rügenwalder Mühle* im operativen Geschäft?
- Halten Sie die Entwicklung des Unternehmens für zukunftsfähig?

Dimension: Soziale Reputation

Mitarbeiter- und Lieferantenumgang

- Wie beurteilen Sie den Umgang mit Mitarbeitern?
- Auf den Verpackungen der *Rügenwalder Mühle* finden sich Informationen zu den Landwirten und Hersteller der Zulieferprodukte. Wie bewerten Sie dies?

Corporate Social Responsiblity

- Ist Ihnen die *Rügenwalder Mühle* für besonderes soziales oder gesellschaftliches Engagement bekannt? (Wenn ja, nennen Sie bitte konkrete Beispiele!)
- Wie schätzen Sie die Stellung des Unternehmens im Kontext von CSR ein?

Umweltmanagement

- Denken Sie, dass der *Rügenwalder Mühle* Nachhaltigkeit und ein schonender Umgang mit der Umwelt wichtig ist?
- Wie empfinden Sie das steigende Angebot veganer und vegetarischer Fleisch- und Wurstwaren im Sortiment in Bezug auf die Umwelt?

Ressourcenmanagement

- Welches Verhältnis hat die *Rügenwalder Mühle* in Bezug auf Ressourcenmanagement? (Dies kann unter anderem die Verwendung von Rohstoffen, Mitarbeitern oder Maschinen zur Herstellung umfassen!)

Dimension: Expressive Reputation

Faszination des Unternehmens

- Was sind aus Ihrer Perspektive Gründe, dass die Rügenwalder Mühle mittlerweile in der siebten Generation in Familienbesitz geführt wird?
- Hat das Unternehmen *Rügenwalder Mühle* mit dem Fokus auf vegane und vegetarische Produkte langfristig mehr Chancen am Markt zu bestehen? (Bitte begründen Sie Ihre Antwort!)

Faszination der Marke

- Wofür steht in Ihren Augen das Unternehmen *Rügenwalder Mühle*?
- Welche Werte verkörpert das Unternehmen *Rügenwalder Mühle* gegenüber Verbrauchern?

- Wodurch grenzt sich *Rügenwalder Mühle* von anderen Unternehmen der Lebensmittelbranche ab?

Sympathie

- Würden Sie Produkte der *Rügenwalder Mühle* aufgrund der aktuellen Unternehmensstrategie Produkten fremder Anbieter vorziehen?
- Welche Gründe sprechen dafür, dass die *Rügenwalder Mühle* sympathischer / unsympathischer ist als Wettbewerber?

V. Verabschiedung

Damit haben wir das Ende des Interviews erreicht. Sind Fragen offengeblieben oder haben Sie noch Anmerkungen, die keine Berücksichtigung oder Erwähnung gefunden haben?

Im Namen des Instituts und der Rügenwalder Mühle Carl Müller GmbH & Co. KG bedanke ich mich für die Teilnahme und Ihre Zeit.

Literaturverzeichnis

Antons, K.; Amann, A.; Clausen, G.; König, O.; Schattenhofer, K. (2013); Gruppenprozesse verstehen. Gruppendynamische Forschung und Praxis, Leske + Budrich, Opladen

Baur, N.; Blasius, J. (2019); Handbuch Methoden der empirischen Sozialforschung; Springer Gabler; Wiesbaden; 2. Auflage

Bohnsack, R.; Przyborski, A.; Schäffer, B. (2010); Das Gruppendiskussionsverfahren in der Forschungspraxis; Verlag Barbara Budrich; Opladen & Farmington Hill; 2. Auflage

Eisenegger, M. (2005); Reputationskonstitution, Issues Monitoring und Issues Management in der Mediengesellschaft; VS Verlag für Sozialwissenschaften

Eisenegger, M.; Imhof, K. (2009); Funktionale, soziale und expressive Reputation – Grundzüge einer Reputationstheorie; Springer Gabler; Wiesbaden

Fombrun, Charles J.; van Riel, C. (2003); Fame & fortune. How successful companies build winning reputations. New Jersey

Glaser, B.; Strauss, A. (2008); Grounded Theory: Strategien qualitativer Forschung; Huber, Bern; 1. Nachdruck der 2. korr. Aufl. 2005

Gläser, J.; Laudel, G. (2009); Experteninterviews und qualitative Inhaltsanalyse; Springer Gabler; Wiesbaden; 3. überarbeitete Auflage; S. 199ff

Helfferich, C. (2005); Die Qualität qualitativer Daten: Manual für die Durchführung qualitativer Interviews; VS Verlag für Sozialwissenschaften, 2. Auflage

Klapper, D.; Albers, S.; Konradt, U. (2007); Methodik der empirischen Forschung; GWV Fachverlage GmbH, Wiesbaden; 2. Überarbeitete und erweiterte Auflage

Lamnek, S. (2005); Qualitative Sozialforschung: Lehrbuch; Beltz PVU

Loos, P.; Schäffer, B. (2013); Das Gruppendiskussionsverfahren: Theoretische Grundlagen und empirische Anwendung; Leske + Buldrich; Opladen

Lüthje, C. (2014); Die Gruppendiskussion in der Kommunikationswissenschaft; In: Handbuch nicht standardisierte Methoden in der Kommunikationswissenschaft; Springer Gabler; Wiesbaden; S. 01-14

Misoch, S. (2014); Qualitative Interviews; De Gruyter Oldenburg

Naderer, G.; Balzer, E. (2008); Qualitative Marktforschung in Theorie und Praxis: Grundlagen, Methoden und Anwendungen; GWV Fachverlage GmbH, Wiesbaden; 1. Auflage

Renner, K.-H.; Jacob, N.-C. (2020); Das Interview Grundlagen und Anwendung in Psychologie und Sozialwissenschaften; Springer Gabler; Wiesbaden; S. 47ff

Schwaiger, M.; Raithel, S. (2014); Reputation und Unternehmenserfolg; In: Management Review Quarterly 64; S. 225-259

Steinke, I. (1999); Kriterien qualitativer Forschung: Ansätze zur Bewertung qualitativ-empirischer Sozialforschung. Weinheim: Juventa

Ternés, A.; Runge, C. (2009): Reputationsmanagement – Manager und Führungskräfte; Springer Gabler; Wiesbaden

Quellenverzeichnis

Das Handelsblatt; Rügenwalder Mühle: Veggie-Fleisch überholt erstmals klassische Wurst; https://www.handelsblatt.com/unternehmen/handel-konsumgueter/ceo-michael-haehnel-ruegenwalder-muehle-veggie-fleisch-ueberholt-erstmals-klassische-wurst/26128214.html?ticket=ST-989765-kkHdAGLSW3hH1Ck67sVU-ap2 (Zugriff: 07. Januar 2021)

Das Handelsblatt; Der Veggie-Revolutionär: Wie Michael Hähnel die Rügenwalder Mühle in die Moderne führt; https://www.handelsblatt.com/politik/deutschland/familienunternehmer-des-jahres-der-veggie-revolutionaer-wie-michael-haehnel-die-ruegenwalder-muehle-in-die-moderne-fuehrt/26716536.html?ticket=ST-19613703-2evWxWf1FT7Gyl1FhMMm-ap4 (17. Dezember 2020)

Das Handelsblatt; Es geht um die fleischlose Wurst; https://www.handelsblatt.com/unternehmen/handel-konsumgueter/ruegenwalder-muehle-meica-herta-es-geht-um-die-fleischlose-wurst/14448496.html (24. August 2016)

Quasus; Gütekriterien; https://quasus.ph-freiburg.de/guetekriterien/#_ftn1 (Zugriff: 08. Januar 2021)

Rügenwalder Mühle; Wir sind ein Familienunternehmen in siebter Generation https://www.ruegenwalder.de/unsere-geschichte (Zugriff: 04.Januar 2021)

Studi-Lektor; Gütekriterien qualitativer Forschung; https://studi-lektor.de/tipps/qualitative-forschung/guetekriterien-qualitativer-forschung.html (Zugriff: 08. Januar 2021)

Spiegel Online; EU-Kommission droht deutscher Schlachtindustrie; https://www.spiegel.de/wirtschaft/unternehmen/toennies-skandal-eu-kommission-droht-deutscher-fleischindustrie-a-53075cd9-16ee-4bdf-91dd-b6cc39dd6f09 (Zugriff: 06. Januar 2021)